Die Transparenz der Folter

Die Transparenz der Folter

Franz Kafkas *In der Strafkolonie* aus Sicht der Postkolonialismus-Forschung

Wolfgang Streit

© 2014 Wolfgang Streit
Alle Rechte vorbehalten

Herstellung und Verlag:
BoD - Books on Demand, Norderstedt

Umschlaggestaltung, Layout und Satz:
Wolfgang Streit

ISBN: 978-3-734735-95-0
Schlagworte:
1. *Kafka, Franz*
2. *Postkolonialismus-Forschung*
3. *Germanistik*
4. *Literaturtheorie*
5. *Literaturgeschichte*
6. *Said, Edward W.*
7. *Bhabha, Homi K.*
8. *Spivak, Gayatri C.*
9. *Kolonialismus*
10. *Mimikry*
11. *Transparenz*

Rezeption

Postkolonialer Kafka?

Sprache; „Kleine Literatur"

In der Strafkolonie: Kolonialer Kontext; Handlung

Der Reisende

Kannibalismus, Mimikry

Transparenz, Polysemie, Körperlichkeit

Die erste Fassung dieser Abhandlung erschien als Kapitel D iii in:

Streit, Wolfgang. 2014. *Einführung in die Postkolonialismus-Forschung. Theorien, Methoden und Praxis in den Geisteswissenschaften.* Norderstedt: BoD.

Abstract:

Franz Kafka was strongly affected by questions of and writings about colonialism. Against this background this paper in the German language analyzes the way in which, as an author, he negotiates colonial matters in his novella In the Penal Colony. *This text reverses the typical visual interaction in the contact zone of the colony, between the colonial context and the visitor to the colony. Also, the text sharpens the destabilizing impact of mimicry as the subaltern convict temporarily presents an inversion, or carnival of power, targeting not the colonial master, but the traveler responsible for interpretation and, ultimately, the reader. This role is further underpinned by the motif of cannibalism. The subaltern is also a vehicle for the text to not only depict but also uncannily expose as constructed, the way in which the "other" is mobilized to provide the colonial apparatus with identity.*

Most of all, however, on several levels the text epistemologically questions the fundamental fantasy of the colonial order of unequivocal meaning, as the "contrapuntal reading" of In the Penal Colony *– according to Edward Said – reveals. Kafka's text depicts the futile dream of a unitary power system, primarily by means of the angst-ridden officer seeking to provide a spectacle of pretended transparency around the construction plans for the machine, the death sentence, the machine's mechanics and the execution, without allowing for any interpretation. All these textual strategies converge in the goal of exposing the untenable nature of the doomed colonial order depicted, even though Kafka as a person was far from criticizing Habsburg's colonial empire.*

Rezeption

Wie wird Franz Kafka gelesen? Wie jeder Klassiker auf die verschiedensten denkbaren Weisen. Das Schreiben Franz Kafkas verführt so sehr dazu, sie als Parabeln etwa mit dem Blick auf die Bürokratie oder auf moralische Fragen zu verstehen, dass die Versuche der Forschung, Kafka aus dem allgemein Symbolischen in die konkrete Lebenswelt zurückzuführen oftmals im Individualpsychologischen steckenbleiben: Immer wieder „Kafka und der Vater," „Kafka und die Frauen." Dazu trägt die Überfülle an Material in umfangreichen Konvoluten von Briefen und Tagebüchern bei.

Nach dem frühen Tod des Autors 1924 betont zunächst der ehemalige Freund und Nachlassverwalter Max Brod die religiöse Dimension des Autors. Seine Empfehlung, das Judentum als Schlüssel zu Kafkas Werk einzusetzen, bestimmt die Rezeption des Werkes bis in die dreißiger Jahre (Rolleston 2002: 1) und ist bis heute nicht überholt (Anderson, M. 2001). Mit den geistesgeschichtlichen Strömungen des 20. Jahrhunderts nutzt die Forschung alle wichtigen Interpretationsansätze, um die Bedeutung des Oeuvres zu erhellen, seien es existentialistische, psychologische, strukturalistische oder post-, bzw. neostrukturalistische.

Das Projekt der Edition von Kafkas Manuskripten, das einer breiteren Leserschaft seit geraumer Zeit die Arbeitsweise des Modernisten nahebringt, bedeutet nicht, dass sich der Blick auf die Textstufen, die der Publikation vorgelagert sind, mit der Kenntnis von Kafkas materiellen und ideologischen Schreibbedingungen verbindet. Tatsächlich verweigern sich Vertreter und Vertreterinnen der deutschsprachigen Kafka-Forschung – wie etwa Imke Meyer in ihrer Studie von 2001 – auch noch im 21. Jahrhundert Kafkas sozio-historischem Kontext. Und selbst eine der wenigen jüngeren Arbeiten zu Kafka, die das Politische im Titel führt, untersucht nicht Kafkas Verhandlung der Donaumonarchie, sondern beruft sich auf Hannah Arendts Diktum zur „Konzentration auf allgemeinst Menschliches" (Neuhäuser 1998: 10). Doch bereits zur Mitte des 20. Jahrhunderts beginnen Forscher wie Paul Reimann (1957) Kafkas Oeuvre mit politischen Interpretationen im engeren Sinn zu „erden." Bei solchen Ansätzen stehen allgemeiner Kapitalismuskritik, wie der von Chris Bezzels *Kafka-Chronik* (1975), konkretere Situierungen gegenüber. Diese erstrecken sich auf die Fragen nach Kafkas kolonialer Dimension.

Postkolonialer Kafka?

Während die bundesdeutsche Forschung zur Donaumonarchie damit noch zögert, das Instrumentarium der Postkolonialismus-Forschung einzusetzen, wenden es die US-amerikanischen (z.b. Goebel 2002) und kanadischen (z.b. Zilcosky 2002a) „German Studies" und, wie Immler beschreibt (2002), österreichische Forscher wohlüberlegt an. Daran arbeitet unter anderem das kulturwissenschaftliche Projektteam „Herrschaft, ethnische Differenzierung und Literarizität in Österreich-Ungarn (1867-1918)." Wenn dabei aber Clemens Ruthner (2002) mit Andrea Allerkamps (1991: 1) Begrifflichkeit lediglich von einer Situation „Innerer Kolonisierung" spricht, besteht die Gefahr des analytischen Verlassens des kolonialen Raumes. Allerkamp nimmt mit ihrem individualpsychologischen Begriff Prozesse in den Blick, „die sich innerhalb eines Subjekts ereignen, das sich – wie ein Territorium – als entdeckt, erforscht und kolonisiert beschreibt." Es ist zu hoffen, dass in der Postkolonialismus-Forschung zum Habsburgerreich die begriffliche Trennschärfe zwischen realem Kolonialismus und psychischer Metaphorik nicht ebenso leidet wie bei Allerkamp, wo der Begriff der Kolonialisierung auch Vergewaltigung außerhalb kolonialer Kontexte umfassen soll.

Wie lassen sich nun die kulturellen Phänomene in der Donaumonarchie, die nominell keine Kolonien besaß, sehr wohl aber Bosnien und Herzegowina 1908 annektierte, begrifflich fassen? Russell Berman (1998: 10) stellt die Frage, inwieweit die für den anglofranzösischen Kulturkreis entwickelten Konzepte der Postkolonialismus-Forschung im austro-germanischen Bereich analytische Kraft entfalten können und vergibt damit einen Forschungsauftrag, der unterschiedlich angenommen wird. So weist etwa Ursula Reber (2002) die für Kolonialsituationen typische Konstruktion eines

„anderen" für die – auch Kakanien genannte – k.u.k.-Monarchie zurück, um an dessen Stelle den Begriff des „Aberranten" in Anschlag zu bringen. Doch der Grund dafür erschließt sich nicht. Zwar kann man der deutschen Kultur unterstellen, im Kontext der Aufklärung flexiblere Konzepte des Umgangs mit dem „anderen" entwickelt zu haben als die großen Kolonialmächte, und es ist auch nicht falsch, davon auszugehen, dass die Methoden der Postkolonialismus-Forschung dynamisch und veränderbar sind und ein eklektischer Einsatz der Begrifflichkeit (Goebel 2002: 188) naheliegt; doch ein essentialisiertes anderes, das von einem Selbstbild *abweicht*, ist nicht kategorial von etwas *Aberrantem* zu trennen, sondern fällt mit diesem logisch zusammen.

Ernster zu nehmen sind hingegen die Zweifel von Historikern wie Raymond Detrez (2001) an der grundsätzlichen Anwendbarkeit des Begriffs des Kolonialismus auf die politischen und wirtschaftlichen Verhältnisse zwischen den Regierungen des Habsburgerreichs und des Osmanischen Reichs und den Nationen in beiden Imperien. Doch zumindest wenn man als Kriterium für Kolonial- und Imperialmächte die Größe heranzieht, kann die Donaumonarchie keinesfalls vom Kreis der anderen Mächte ausgeschlossen werden, denn sie galt als Imperium, in dem die Sonne von Mexiko bis Spanien und zu den Philippinen nie unterging, wie der letzte Erbe der Habsburger, Erzherzog Otto (2003: 21) erläutert. Unter Hinweis darauf, dass die Theoriebildung zu diesem Problem nicht abgeschlossen sei, schlägt Detrez vor, von „Teil-Kolonialismus" zu sprechen.

Sicherlich handelt es sich dabei um ein heutiges Begriffsproblem, das der Ausdifferenzierung innerhalb der Kolonialgeschichtsschreibung Rechnung trägt. Jedenfalls erlauben Forscher wie Iulia Karin Patrut (2012: 268) solche Forschung. So erkennt Patrut (269) koloniale „Funktionsprinzipien" des mittel- und osteuropäischen Diskursraums, der das Habsburgerreich einschließt, und konstatiert den orientalistischen Blick auf Juden wie Franz Kafka.

Interessant zur Beurteilung des Kolonialismus in Kakanien ist nicht zuletzt die Ansicht des untersuchten Autors selbst, in diesem Fall von Franz Kafka: In dessen Realitätswahrnehmung hat der Zweifel daran, dass Habsburg Kolonialmacht sei, ohnehin keinen Platz. Felice Bauer gegenüber beurteilt er den 1912 entbrannten ersten Balkankrieg mit den Worten, „es ist auch ein großer Schlag für unsere Kolonien" (Stach 2002: 254). Der Begriff meint die 1878 unter österreichische Verwaltung gestellten und dann annektierten Provinzen Bosnien und Herzegowina, in denen die k.u.k.-Verwaltung ein koloniales Regime aufbaut. Dabei ist inmitten von Aufständen tschechischer Nationalisten, in deren Zug Habsburg im Juni 1913 das Kriegsrecht über Prag verhängt, klar, dass sich Kafka selbst der Kolonisten-Seite zurechnet. In diesem Sinn erläutert auch Zilcosky (2002a: 307 f), dass die Furcht vor dem deutschen und tschechischen Nationalismus Kafka zum Unterstützer Österreich-Ungarns mache, der in den ersten Monaten des Ersten Weltkriegs an den Niederlagen in Serbien leidenschaftlich Anteil nehme.

Zudem bewegt Kafka ein konkretes koloniales Projekt: Die Palästina-Siedlungspolitik der Zionisten, deren Wiener Kongress er 1913 besucht (Stach 2002: 405-09), setzt zwar im zerfallenden Osmanischen Reich nicht mit Waffen ein, eignet sich aber Land gegen Ansprüche einer einheimischen Bevölkerung an, die dagegen auch im 21. Jahrhundert noch kriegerischen Widerstand leistet. Der Plan Kafkas, gemeinsam mit Felice Bauer nach Palästina zu fahren (97 f), ist Zeichen seines großen Interesses an den Resultaten dieser Orientkolonisierung. Dabei steht seinem Schwärmen für die ostjüdische Kultur, wie Stach ausführt (404), seine Skepsis gegenüber der Beschwörung einer jüdischen „Nation" als Basis des Zionismus gegenüber. Doch es steht fest, dass offene Kritik am Kolonialismus der Imperialmächte nicht Kafkas Sache ist. Daher sollte eine postkoloniale Sicht bei der Diskussion des Für und Wider des Kolonialismus die spezifischen Verhandlungsstrategien seines Schreibens und komplexere koloniale Begleiterscheinungen der Macht-, Kultur- und Sprachbeziehungen in den Blick nehmen. Das schließt auch die Nutzung strukturalistischer Überlegungen der französischen Philosophie ein.

Sprache; „Kleine Literatur"

Impulsgeber für die neuere differenzierte Untersuchung von Kafkas Schreiben im kolonialen Kontext sind Gilles Deleuze und Félix Guattari (1975). Ihre Arbeit beschreibt Graham Huggan (2008: 28 f) als wichtige theoretische Vorarbeit für postkoloniales Denken allgemein und für ein postkoloniales Kafkabild im Besonderen. David Lloyd (1987) nimmt sie sich in diesem Sinn sogar zum Vorbild zur Analyse der irischen Kolonialsituation des 19. Jahrhunderts. Auf Basis des strukturalistischen Zeichenverständnisses und ihres historischen Blicks weisen Deleuze und Guattari die Herkunft einer Fülle von Motiven des Prager Modernisten aus dessen Situation als Angehöriger der kleinen deutschsprachigen Minderheit nach. Gemäß Kafkas eigener begrifflicher Prägung im Tagebuch destillieren die französischen Forscher aus seinem Schreiben Aspekte einer „kleinen" Literatur heraus und stellen den Prager Autor dabei in eine Reihe mit den ebenfalls einschneidend von kolonialer Erfahrung geprägten Autoren James Joyce und Samuel Beckett (28). Die Beckett-Parallele erneuert Stach (2002: 557) in seiner ausgezeichneten Biographie.

Das „papierne," von lexikalischen Fehlern geprägte Prager Deutsch, so Deleuze und Guattari, dessen sich Kafka bediene, sei im Habsburger Kolonialregime der Schlüssel zu einem Posten, wie ihn Kafka in der Arbeiter-Unfall-Versicherungsanstalt bekleide. Es entspreche am ehesten der Situation des Sohns eines aus der tschechischsprachigen Provinz eingewanderten Juden. Die bewusste Wahl dieses Prager Deutsch erklären Deleuze und Guattari als Deterritorialisierung aufgrund dreier „Unmöglichkeiten," nämlich der Unmöglichkeit, gar nicht zu schreiben, der, deutsch zu schreiben oder der, tschechisch zu schreiben. Zwar sollte man die Abweichung des Sprachgebrauchs Kafkas vom Deutsch, das im

Deutschen Reich gesprochen wird, mit Stölzl (1975) und Thieberger (1979: 177 f) nicht überbetonen, aber Kafkas Bewusstsein um die Vielsprachigkeit Prags unter dem Eindruck des Kolonialismus und seine Auseinandersetzung damit sind unzweifelhaft.

Sicherlich ist die oftmals hervorgehobene Zugehörigkeit Kafkas zum Judentum – in einer Zeit des, wie Stölzl (1975: 44 ff) belegt, wachsenden Antisemitismus sowohl der Jungtschechen als auch der Deutschen nach 1883 – einer der Faktoren von Kafkas Deterritorialisierung. Auch freiwillig Assimilierte wie dessen Familie (Zilcosky 2002a: 307) seien während antisemitischer Gewaltexzesse wie dem „Dezembersturm" 1897 (Stölzl 1975: 63) potentielle Opfer. Und darauf, dass Kafka seine eigenen historischen Verhältnisse wie auch immer verzerrt repräsentiert, weist bereits 1958 Georg (eigtl. György) Lukács hin, wenn er im Schreiben Kafkas die „alte Habsburger Monarchie" im „Prager Lokalkolorit" als „fühlbar" beschreibt (18, 87). So ist es nicht von der Hand zu weisen, dass in der von ihm gewählten „kleinen" Literatur unter dem Eindruck des Habsburger Kolonialismus die gesamte individuelle Situation Kafkas einschließlich seines Verhältnisses zu seinem Vater eine politische Dimension erhält. Die ent-individualisierte Abkürzung „K." als Figuren-Siglum zeigt zudem, so Deleuze und Guattari, die für die „kleine" Literatur typische kollektive Dimension.

Auch sei dieser minoritäre Literaturtypus innerhalb einer „größeren" Literatur von vielerlei Verzicht geprägt, von solidaritätsstiftendem Verzicht auf die Einschreibung in eine große Tradition, vom Verzicht auf die Schilderung von Zuständen zugunsten der Darstellung des „Werdens," etwa in *Die Verwandlung*, und vom Verzicht auf Sinn durch Wiederholungen oder das endlose Zerlegen der Laute etwa von Eigennamen (Deleuze / Guattari 1975: 31).

Die Konzentration auf die Sprache selbst demonstriert diese kollektive Dimension: „Das Ausgesagte verweist weder auf ein Subjekt der Aussage als seine Ursache noch auf ein Subjekt des Ausgesagten als seine Wirkung" (Deleuze / Guattari 1975: 26). Damit scheinen Bezüge zur Theorie des Postkolonialismus auf: So konstatiert Bill Ashcroft (1995) vor dem Hintergrund der Sprechakt-Theorie, dass insbesondere das vom Kolonialismus geprägte Schreiben metonymische Lücken aufweise, in denen die soziale Differenz zwischen Teilbereichen der Kultur sichtbar werde. Analog zu Deleuzes und Guattaris Diagnose lokalisiert Ashcroft die Fülle der Bedeutung weder beim Autor, noch beim Leser. Sie widersetze sich vielmehr der Interpretation.

Ein weiterer Bezug macht deutlich, wie sehr sich Muster von Kafkas Schreiben mit denen des Schreibens im Kolonialismus decken: Wenn Deleuze und Guattari (1975: 32) zeigen, dass sich die kulturelle Differenz des mehrfach deterritorialisierten jüdischen Kolonialsubjekts an der Signifikations- oder Bedeutungsverweigerung ablesen lasse, daran, dass Kafka die Sprache „asignifikant" nutze, so deckt sich das Ergebnis der Bedeutungsarmut mit Ergebnissen der Studie zur heterogenen jamaikanischen Kreolkultur von Edward Brathwaite (1995a: 311). Die Ausführungen des Kulturforschers zur Nicht-Diskursivierbarkeit komplexer, hybrider Kulturphänomene und der damit einhergehende Bedeutungsverlust bietet damit auch eine Erklärung für Stellen der Bedeutungsverweigerung in Kafkas Schreiben. Dies ist insbesondere der Fall, wenn man sie als Verhandlungen der Situation des, in Deleuzes und Guattaris Worten, mehrfach deterritorialisierten Prager Juden rekonstruiert.

Schließlich verweisen solche Phänomene wie die Verwandlung von Mensch in Tier – so Homi Bhabha (1994: 195 f) in der Analyse eines Textes über einen türkischen Gastarbeiter in Deutschland – auf die Auseinandersetzung mit einem hegemonialen Diskurs, also mit Machtverhältnissen wie sie auch für Kolonialismus typisch sind. Mit solchen Mutationen konterkariert Kafka das Pochen auf einer essentiellen Identität und führt die ideologisch ausgeblendete Differenz im Österreich-Ungarn der Jahrhundertwende in seine Texte ein. Wie Karen Piper (1996: 44) darstellt, versteht sich Habsburg zwar als Vielvölkerstaat, doch ein unauflösbarer Widerspruch liegt in der hegemonialen Funktion des Deutschen einerseits – einer Sprache, die Muttersprache lediglich eines mächtigen, aber minoritären Drittels ist –, und der verstärkten Besinnung der anderen zwei Drittel auf ihre Nationalitäten und damit Sprachen andererseits: Die konsequente Kehrseite der Ideologie des Vielvölkerstaats ist dessen Sicht als „Völkerkerker" (Wandruszka 1980; Editorial 1990: 6f), in dem die subalternen, mehrheitlich slawischen Nationalkulturen der Donaumonarchie eingeschlossen seien. Wie Piper (49) erläutert, widersprechen solche divergenten Stimmen der Ideologie einer gütigen Herrschaft und werden konsequent unterdrückt. Damit kann man konstatieren, dass die „kleine" Literatur Kafkas einen Schauplatz kolonialer Verhandlungen bildet, die eine Untersuchung verdienen, und dies umso mehr, wenn es um einen Text geht, der koloniale Verhältnisse schon in seinem Titel anspricht.

In der Strafkolonie: **Kolonialer Kontext; Handlung**

Nach der obigen Skizzierung der Kafka-Rezeption überrascht es nicht, dass auch zu einem der kolonialen Schlüsseltexte Kafkas, zu *In der Strafkolonie* (1914 / 1995), vielfältige Deutungen, bis hin zur Interpretation des Textes als Abhandlung über die Erbsünde (Emrich 1985: 26) vorliegen. Wie bei der Deutung anderer Texte Kafkas muss der Promotor des Autors, der Bürokratie-Forscher Alfred Weber (Wagenbach 1995: 10), auch für die Symbolik von *In der Strafkolonie* als Kronzeuge herhalten. So liest Dietrich Wachler (1981: 146) die Erzählung als Parabel auf Bürokratie, und Astrid Lange-Kirchheim (1977) untersucht Kafkas augenfällige Beschäftigung mit dem Beamtenwesen und der Bürokratie als Aspekte der politischen Dimension dieses Textes. Überraschend stellt eine Arbeit ausgerechnet zur *Politik im Werk Kafkas* die politische Dimension desselben Textes ganz in Abrede, um ihn auf die Verhandlung der Ängste seines Autors vor der Eheschließung zu verengen (Glišović 1996: 94-104).

Zu den Symptomen für dies Verkennen von Kafkas Stellung innerhalb des Habsburgerreiches gehört auch eine Presse-Rezension. Sie würdigt *In der Strafkolonie* zwar als eine derjenigen Erzählungen, in denen Kafka zum „inneren Durchbruch" gelange, geht aber nicht auf den kolonialen Kontext ein und zitiert den Text gar fehlerhaft als *Die Strafkolonie* (Müller 2002). Auch in Stachs Kafka-Biographie (2002: 559) gilt der Apparat im Mittelpunkt der Erzählung nicht etwa als Auswuchs des Kolonialismus, sondern lediglich als „thematischer Ableger" von *Der Process*. Damit versteht Stach ihn als „Instrument des *Gesetzes*, das nicht im hellen Licht des Tages, sondern in irgendeinem tiefen, unzugänglichen Keller des Gerichts wütet" (Hervorhebung Stachs).

Dabei vermisst die bahnbrechende Historisierung von Walter Müller-Seidel (1986) für die bundesdeutsche Kafka-Forschung das Feld zur Entwicklung des postkolonialen Verständnisses von *In der Strafkolonie*. Der Germanist greift dabei auf Klaus Wagenbachs frühere Forschung zurück und liefert selbst wiederum ergänzendes Material für dessen herausragende Edition von *In der Strafkolonie* (1914 / 1995). Vor allem außerhalb Europas fällt solche Grundlagenarbeit auf fruchtbaren Boden, in Kamerun (Simo 1999), in den USA (Piper 1996; Goebel: 2002; Gray 2002) und in Kanada (Peters 2003; Zilcosky 2002a; 2002b).

Beim Blick auf den Kolonialismus bei Franz Kafka spielt es eine Rolle, dass der Prager Literat selbst im Brief an seinen Verleger Kurt Wolff vom 11. Oktober 1916 zur politischen Lektüre seiner Erzählung anleitet. Er erklärt die von jenem als „peinlich" beanstandete Erzählung aus dem individuellen, aber auch aus dem politischen Kontext: „Zur Erklärung dieser letzten Erzählung füge ich nur hinzu, dass nicht nur sie peinlich ist, dass vielmehr unsere allgemeine und meine besondere Zeit gleichfalls sehr peinlich war und ist" (zitiert nach Wagenbach 1995: 63 f). Doch zur Erhellung dessen, was als Kafkas Verhandlung des Kolonialismus mit *In der Strafkolonie* bestimmbar ist, tragen vor allem drei Problemfelder bei: Neben der spezifischen Situation Kafkas als deutschsprachiger Jude in Zeiten der nationalistischen Radikalisierung, die sich zentrifugal zur Habsburger Kulturhegemonie verhält, sind dies der Imperialismus dieser Donaumonarchie selbst und die von Wagenbach beschriebenen und von John Zilcosky (2002a; 2002b) erheblich ergänzten Bezüge Kafkas zu ausländischem Kolonialismus. Dieser Komplex rechtfertigt die Auffassung des in Kanada lehrenden Paul Peters (2003: 59 f), der Text handle „vom ganzen Prozess des europäischen Kolonialismus."

So betont Zilcosky (2002a: 282) unter Bezug auf einen Aufsatz von Peter F. Neumeyer (1971) Kafkas Wertschätzung für eine Serie von Abenteuer- und Eroberungsromanen – nach Kafkas eigener Aussage seine „Lieblingsbücher." Zwei Einzelbände von Schaffsteins *Grünen Bändchen*, einer Publikationsreihe mit kolonialen Sujets, dienten ihm als Prä-Texte für *Das Schloß*, *Ein Bericht für eine Akademie* und *In der Strafkolonie*. Zudem erläutert Northey (1991: 15-30) die genaue Vertrautheit Franz Kafkas mit kolonialen Bedingungen durch seinen Onkel Josef Löwy. Dieser ist unternehmerisch in Panama tätig und wirkt an einem der düstersten Kapitel der europäischen Kolonialgeschichte mit, das Joseph Conrad schon um die Wende zum 20. Jahrhundert zum Symptom der Sinnkrise des modernen Abendlandes stilisiert: Als leitender Angestellter beim Bau der Kongo-Eisenbahn beteiligt sich Löwy an der Erschließung des zentralafrikanischen Landes für den heute als einen der barbarischsten Kolonialherrscher berüchtigten König Léopold II. von Belgien (Hochschild 2000).

Daneben kennt Kafka auch die für seine Erzählung titelgebende Art von Kolonien als Orte der Bestrafung mit dem langfristigen Ziel der Kolonisierung des Deportationsortes. Müller-Seidel (1986: 26-87) und Wagenbach (1995: 69) belegen zudem Kafkas Wissen um Strafkolonien aus der Lektüre von Fjodor Dostojewskis Roman *Aufzeichnungen aus einem Totenhaus*. Der Schriftsteller kennt aber nicht nur das russische System der Bestrafungshierarchie, in denen die Sträflinge das Ziel hatten, selbst Kolonisten zu werden. Er verfolgt auch die Dreyfusaffäre in Frankreich, um den von 1894-99 in die Strafkolonie auf der Teufelsinsel bei Cayenne verbannten Hauptmann, der erst 1906 mit vollständiger Rehabilitierung über die antisemitisch motivierten Angriffe triumphiert (Wagenbach 70, 75; Gilman 1995: 68-88). Noch konkreter weiß Kafka um Strafkolonien dadurch, dass einer seiner akademischen Lehrer, Hans Gross, im Deutschen Reich die Deportation sozial Auffälliger in solche Einrichtungen fordert. Kafka nutzt die darauf als Antwort verfasste Studie von Robert Heindl zur Einrichtung von Strafkolonien als Prä-Text seiner eigenen Arbeit (Wagenbach 70 f). Als die deutsch-österreichische Weltkriegspropaganda das Strafkolonie-System des Kriegsgegners als „Kulturschande" (Wagenbach 71) brandmarkt, verfasst Kafka seine Erzählung. In der historischen Wirklichkeit entspricht der Abwendung vom Strafkolonie-System bei Kafka die evidente und von Piper (1996: 49) und Zilcosky

(2002b: 109 f) herausgearbeitete Dynamik der Ablösung einer Ordnung durch eine andere. In der historischen Wirklichkeit treten an ihre Stelle die Emigration und Handelspolitik als probatere Mittel der Kolonisierung (Wagenbach 70 f).

Zwar wird Kafkas Teilnahme an einer Feier zum vierzigjährigen Gedenken an die Pariser Kommune von 1871 in der Forschung gelegentlich angezweifelt (Müller-Seidel 1986: 28). Dennoch muss ihm der Verbannungsort der überlebenden Pariser Kommunarden, die Strafkolonie Neukaledonien, geläufig gewesen sein (Wagenbach 1995: 72; 83 f). Davon ausgehend, schlägt Wagenbach (ebd.) den Bogen von Kafkas eigener Erwerbstätigkeit zum größeren sozialen Kontext des Deutschen Reichs und der Donaumonarchie, die den Autor wiederum unmittelbar betrifft: Ab 1881 begegnet Bismarck den sozialen Verwerfungen der hochindustriellen Phase mit seinem sozialpolitischen Reformwerk, das die organisierte Arbeiterschaft integrieren soll. 1885 ahmt Kaiser Franz Josef dies Sozial-Appeasement mit der Gründung von sieben Arbeiter-Unfall-Versicherungsanstalten nach.

In Prag arbeitet Kafka in der größten, die für das industriell prosperierende Böhmen zuständig ist. Verschränkt das Thema der Strafkolonie daher Kafkas allgemeine Kenntnisse mit seiner individuellen Funktion und Betroffenheit als Angestellter des Imperiums, so kommt dazu noch seine eigene Existenz im kolonisierten Prag. Seine hegemoniale Funktion und potentielle Bedrohung als Jude fließen in die Repräsentation des Kolonialismus in der Erzählung ein.

Worum geht es jedoch in dem Text, der im Kontext so vieler Überschneidungen von historischen Fragen zum Kolonialismus mit der individuellen Lage des Autors entsteht? In einer Strafkolonie erläutert ein Offizier, der zugleich alleiniger Richter ist, einem Reisenden detailliert die Mechanik eines Hinrichtungsapparats. Diese Maschine schreibt einem Delinquenten nach der Verurteilung das Urteil mit Nadeln so auf den Körper, dass er in einer zwölfstündigen Marter daran stirbt. Diesen Apparat hat noch der mittlerweile verstorbene, alte Kommandant der Kolonie konstruiert und gebaut. Ein verurteilter Gefangener, den ein Soldat bewacht, soll als Demonstrationsobjekt dieser grausamen Todesfolter dienen. Im Lauf des Gesprächs gibt der Offizier zu, dass der neue Kommandant am Einsatz des Apparats zweifelt. Daher fällt dem Reisenden die Rolle zu, durch die Äußerung seiner Meinung das Folter- und Exekutionssystems zu unterstützen oder es in Frage zu stellen. Als er klarmacht, dass er sich gegenüber dem neuen Kommandanten als „Gegner des Verfahrens" (*IdS* 51) zu erkennen geben möchte, lässt der Offizier den Verurteilten frei und legt sich selbst auf die Pritsche des Apparats. Während die Mechanik in die Brüche geht, stirbt der Offizier, und der Reisende verlässt fluchtartig die Insel.

Der Reisende

Der Reisende, darauf verweist Piper (1996: 47) angesichts von dessen „Empfehlungen hoher Ämter" zu recht, ist nicht irgendjemand, sondern von einer Berühmtheit, die auch der Kommandant würdigt (*IdS* 50). Er profitiert von dem überlegenen Status von Forschungsreisenden des 19. Jahrhunderts. Als Reisender ist er ein Außenstehender, dem durch seine Neutralität zugleich eine übergeordnete Position zufällt. Deshalb misst der Offizier seinem Urteil über den Apparat überragende Bedeutung bei. Doch bereits der Anfang der Erzählung zeigt, dass der Reisende für sich keineswegs die hegemonialen Ansprüche reklamiert, die Mary Louise Pratt (1992: 201 ff) unter Verweis auf das berühmte Gedicht „Zeilen der Einsamkeit" von William Cowper als überlegene „Herrscher-von-allem-was-ich-überblicke"-Haltung analysiert. Entsprechend dieser Pose ästhetisieren Forscher im Panoramablick die bereisten Länder mit Nomen-Häufungen, laden sie mit Bedeutung auf und stilisieren sich selbst zum Schöpfer des Vorgefundenen.

Diese Erzählkonvention war Kafka, aus dem „Grünen Bändchen" *Im Hinterlande von Deutsch-Ostafrika* (1910) von Adolf Friedrich zu Mecklenburg vertraut (Zilcosky 2002a: 289 f). Ganz anders bei Kafka. Die Ankunft des Angereisten und sein Empfang, also die „Ankunftsszene" oder „Szene des ersten Kontakts" (Pratt 1986: 31-36) wird nicht im Zuge des Ereignisses geschildert und mit rhetorischen Mitteln aufgeladen. Vielmehr berichtet die Erlebte Rede des Erzählers erst im Rückblick von der Ankunft und versieht den Empfang des Reisenden in der Kolonie lediglich mit dem Attribut „großer Höflichkeit" (*IdS* 43). Kafka verzichtet damit auf die konventionelle, triumphale Inszenierung von Überlegenheit oder imperiale Gestik und auch auf das von Pratt (32) beschriebene Hineinblicken oder Herabblicken des Forschers. Stattdessen wirft der Anfang der Erzählung den Reisenden in den Kessel eines „tiefen, sandigen, von kahlen Abhängen ringsum abgeschlossenen Tal[s]" (*IdS* 31).

Die Erzählung kehrt damit die Herrschaftsausübung durch die Perspektive um und stellt die aus dem 19. Jahrhundert stammende Konvention der Reiseliteratur (Pratt 1992: 204 f) auf den Kopf. Wenn der Blick an die kahlen Abhänge stößt, und der Reisende schließlich durch eine Sonne, die sich „allzustark in dem schattenlosen Tal" „verfing," so geblendet ist, dass er die „Hand zum Schutz" heben muss, um überhaupt den Apparat betrachten zu können (*IdS* 33 f), wirkt er selbst wie ein Gefangener. Zudem ist seine innere Disposition konträr zu der eines Entdeckers, denn er hat „wenig Sinn" für das, was ihm gezeigt wird (31). Erst im Laufe der eindringlichen Schilderungen des Offiziers zeigt er sich mehr an den Erklärungen interessiert. Schließlich unterläuft auch der Schluss der Erzählung die Erwartung an eine überlegene Rolle des Entdeckers in der Herrscherpose. Als der Reisende fluchtartig die Insel verlässt, sieht er sich vielmehr sogar gezwungen, sich notdürftig mit einem drohend gehobenen Tau gegen seine Verfolger zur Wehr zu setzen.

Kannibalismus, Mimikry

Es bleibt jedoch nicht bei dieser erzählerischen Inversion, wenn es um die Spannung zwischen dem *hic et nunc* des Kolonialkontexts Habsburgs und des offensichtlich „allegorischen Charakter[s]" geht, der in der Kafka-Forschung seit Lukács (1958: 87) eine Rolle spielt. Goebel (2002: 201) trägt dieser Dimension Rechnung, wenn er aus der unklaren Identität des Verurteilten (dieser spricht nicht das Französisch des Offiziers, aber ist er deshalb schon als indigener Insulaner identifiziert?) schließt, dass er der Archetyp des Subalternen einer kolonisierten Ethnie ist. Weil der Mann aber während der Erklärungen des Offiziers versucht, mit dem Ausdruck der Verständnislosigkeit im Gesicht, dessen Erklärungen zu folgen, ordnen Goebel (199 f) und Zilcosky (2002b: 118) sein Verhalten knapp einer der effektivsten Strategien zur Bedrohung des Kolonialdiskurses zu, der Mimikry (Bhabha 1994: u.a. 85-92). Wie in Kapitel C iii der *Einführung in die Postkolonialismus-Forschung* (Streit 2014) vertieft erläutert wird, prägt Bhabha den Begriff der Mimikry für die unvollständige, verzerrte Imitation des hegemonialen Habitus, und versteht ihn als Ausdruck „schauspielartigen Widerstands" (121). Die Konfrontation der hegemonialen Figur mit ihrer eigenen Unvollständigkeit höhlt diese koloniale Form von Innen aus und destabilisiert ihre Autorität. Zugleich besitzt der Widerstand der Mimikry einen Schutzmechanismus, denn ihre offensichtliche Orientierung an der dominanten Repräsentationsform entzieht sie der Repression.

John Zilcoskys (2002b: 118) Zweifel am Einsatz der Mimikry lässt sich entkräften, wenn man sich ansieht, wie die erzählerische Praxis deren Wirksamkeit in der Strategie des Verurteilten zeigt: Zunehmend bilden der Soldat und der Gefangene in der Erzählung eine Allianz. Sie teilen ihre Sprache ebenso wie den Reis (*IdS* 48), und als sie beginnen, miteinander zu flüstern, deutet sich ihre beginnende Freundschaft an (51). Als der Verurteilte schließlich wissbegierig aber verständnislos den Detailerklärungen des Offiziers zum Apparat folgt, die eigentlich für den Reisenden bestimmt sind, zieht er zeitweilig den ihn selbst beaufsichtigenden Soldaten an seiner Kette hinter sich her. Während dieses komischen Mimikry-Interludiums gewinnt der Verurteilte kurzzeitig die Oberhand, und die Machtverhältnisse kehren sich karnevalesk um. Schließt man von diesem Verhalten freilich auf die Infragestellung der „Handlungen des *Herrn*" (meine Hervorhebung; Goebel 2002: 200 f), so läuft man Gefahr, den Reisenden mit dem Offizier in einen Topf zu werfen.

Doch anders als Goebel annimmt, zielt die Mimikry das Gefangenen nicht auf den Offizier als Repräsentierenden, sondern auf den Reisenden als Interpreten von dessen Ausführungen. Diese Trennung zwischen Offizier und Reisenden wird nicht nur in der oben erwähnten Eingangssituation deutlich, die den Reisenden gleichsam zum Gefangenen macht, sondern auch durch die Reaktionen auf das Verhalten des Verurteilten. Zwar hätte der Offizier als „Herr" allen Grund, über die Aktionen des Gefangenen entsetzt zu sein, es ist aber der Reisende, der den Verurteilten „zurücktreiben" (*IdS* 39) will. Die nächstliegende Reaktion des Offiziers, nämlich die Rüge des Delinquenten, unterbleibt ebenso aus wie der Tadel des nachlässigen Soldaten.

Der Grund, jenen mit einer Erdscholle zu bewerfen, ist nur die Sorge, „dass der Reisende durch den Verurteilten allzusehr abgelenkt" (ebd.) werden könnte. Weil der Offizier als Erklärender nicht imitiert wird, hat er auch keinen Grund, die Sanktion zu bestätigen, als der Soldat den Verurteilten hochzerrt. Im Gegenteil: Er fordert den Soldaten zur Schonung des Gefangenen auf: „Behandle ihn sorgfältig!" (ebd.). Damit macht die Erzählung den Reisenden zum alleinigen Adressaten der Ablenkung und Verunsicherung und zum einzigen Vorbild der Mimikry, an das der Widerstand adressiert ist.

Weil der Reisende im Text diese Rolle des Interpretierenden zufällt, schließt diese Spezifizierung wiederum an Katsumi Haras rezeptionsästhetische Überlegungen zum Apparat und zum Lesen an und weist über den Reisenden hinaus. So kommentiert Hara die Repräsentation des Leseprozesse mit der Bemerkung, dass das Urteil aus „Schriften, die auch den Tod des allgemeinen Lesers inkludieren" bestehe, um zu resümieren: Die „Lektüre [ist] hier mit dem Tod des Lesers [...] verkoppelt" (1992: 207). Doch durch die Mimikry des Verurteilten reicht die Konfrontation mit dem Leser noch tiefer, denn nicht nur die zum Tod Verurteilten entziffern ihr Urteil. Auch der Reisende entziffert die Erklärungen des Offiziers und ist damit als Leserfigur in den Text eingeschrieben. Mit diesem interpretierenden Reisenden leitet der Text seine Mimikry an die Leser der Erzählung weiter, an die zeitgenössischen Angehörigen der Kolonistennationen und die Connaisseure des Kolonialismus, seien es die ersten Zuhörer von Kafkas Lesung im kolonialen Habsburg oder die Angehörigen der, wenn auch verspäteten Kolonialmacht des Wilhelminischen Deutschland.

Und in der Tat, so wie der Reisende die Kontenance verliert, so werden in der Schilderung Wagenbachs (1995: 65) bei der öffentlichen Lesung am 10. November 1916 in München drei Zuhörer ohnmächtig, die offenbar gemeinsam mit dem Reisenden versucht haben, die Funktionen und das Funktionieren des Apparats zu entziffern, und weitere fliehen aus dem Saal. Diese Strategie kann man als Teil der von Deleuze und Guattari (1975: u.a. 28) beschriebenen Spannung zwischen der De- und der Reterritorialisierung Kafkas verstehen. Kafka identifiziert sich als Mensch mit der Kolonisierung Österreich-Ungarns und kämpft zugleich als Autor in der Schrift dagegen an, um es jedoch dabei nicht zu belassen. Vielmehr gibt er diesen Konflikt an die Rezipienten der Erzählung weiter.

Für diese Spannung sind Angehörige der neo-kolonialen Weltmacht USA auch noch am Anfang des 21. Jahrhunderts sensibel. Das zeigt die Wirkung von Philip Glass' Opern-Adaption von *In der Strafkolonie*, die im Juni 2001, also wenige Wochen vor dem ersten ernsthaften Angriff auf das US-Imperium am 11. September

Premiere hat. Die Zuschauer des Landes, in denen die Exekution vor allem von Nachfahren ehemals Kolonisierter zum Todesstrafen-Alltag gehört, inspizieren gemeinsam mit dem Reisenden auf der Bühne einen Apparat der, wie entfernt auch immer, mit ihren eigenen Hinrichtungsstätten verwandt ist. Hineinversetzt in die Situation der Inspizienten sehen sie sich mit der Mimikry des Verurteilten konfrontiert. Konsequent empfinden sie nach Aussage des Rezensenten der *New York Times* „siedendheiße Schuldgefühle, weil sie gleichzeitig Angeklagte, Scharfrichter und Beobachter" sind (Brantley 2001).

Doch in der Erzählung selbst bedarf auch das Vergehen des Verurteilten der genaueren Erklärung: Die Tat selbst hat den nichtigen Anlass, dass der Mann den „widersinnige[n] Befehl" (Müller-Seidel 1986: 118) missachtet, die ganze Nacht hindurch stündlich vor der Tür eines schlafenden Offiziers zu salutieren. Als der Offizier ihn eingeschlafen ertappt, schlägt er ihn mit der Peitsche über das Gesicht. Dieser Schlag provoziert den zweiten, den zentralen Normverstoß (*IdS* 37):

> Statt nun aufzustehen und um Verzeihung zu bitten, fasste der Mann seinen Herrn bei den Beinen, schüttelte ihn und rief: „Wirf die Peitsche weg oder ich fresse dich."

Damit vertieft de Erzählung die bereits vorher etablierte Gestaltung des Mannes weniger als Mensch, denn als Tier: Schon vom ersten Absatz der Erzählung an ist er als „hündisch" abgestempelt, und im Schlaf war er vor der Tür seines Vorgesetzten tierähnlich „zusammengekrümmt." Der Gebrauch der Reitpeitsche arretiert den Mann in der Rolle eines Tieres, und seine Reaktion darauf, so Müller-Seidel (1986: 118), entspricht dieser Rollenzuweisung.

Doch die Erzählung entmenschlicht den Verurteilten noch weiter: Dadurch, dass das eigentliche Vergehen des Delinquenten die Androhung des Kannibalismus (Piper 1996: 50) ist, macht die Erzählung diesen zum gleichsam archetypischen anderen des aufgeklärten Westens. Ein solcher Versuch des Alteritätskonstruktion, so erläutern Stallybrass und White (1986: 191), muss im Kapitalismus jedoch kollabieren. Zwar bediene sich das bürgerliche Subjekt des „Niedrigen" – beim Kannibalismus in Form des ungezügelten Konsums – zur Stiftung der eigenen Identität, doch die Leugnung und Abscheu, die sich in der Verachtung ausdrückten, könnten nicht verbergen, dass das moderne westliche Subjekt das „andere" zur Produktion der eigenen Identität einsetze. Diese Ausschlussstrategie lässt sich indes nicht nur materialistisch erklären: Vielmehr deutet Obeyesekere (1992: 641) Kannibalismus, wie im Zusammenhang mit *Robinson Crusoe* erläutert (s.o.), als Teil einer Auseinandersetzung zwischen Europäern und indigenen Völkern, in deren Zug sich der gelegentliche Kannibalismus von Seeleuten zur Ur-Fantasie verfestige. Erzählungen an Bord von Schiffen projizierten ihn auf außereuropäische indigene Völker.

Die Strafkolonie des Vegetariers Kafkas spannt den Kannibalismus ebenfalls zur Konstruktion des anderen ein. Mit der unhinterfragten Behauptung der kannibalischen Drohung des später Verurteilten macht die Erzählung die Denkwelt des Kolonialapparats kenntlich, sich aus dem anderen zu definieren. Wie die Präsenz des Apparats zeigt, arbeitet die Mechanik der Kolonialmacht jedoch selbst auf der Basis gleichsam kannibalischer Prinzipien. In der Widerkehr der verdrängten Mechanik der Identitätsbildung wird das Erscheinen dieses Gegenbilds zum unheimlichen Wiedergänger kolonialer Identität, in der diese ihrer Konstruiertheit und konstruktiven Haltlosigkeit begegnet. Die Erzählung treibt diese Infragestellung auf diätetische Art und Weise noch weiter, und zwar anhand der vegetarischen Henkersmahlzeit aus Reis. Wenn der Verurteilte tatsächlich nicht einmal Fleisch verzehrt, wird der Zuschreibung der Alterität durch Kannibalismus gänzlich ihrer Grundlage entzogen. Mit dieser Beschwörung der Alterität und ihrer anschließenden Hinterfragung ist – neben der Mimikry – eine weitere Strategie der Erzählung die kulturellen Mechanismen der Kolonialmacht subtil zu hinterfragen und auf deren Haltlosigkeit zu verweisen.

Transparenz, Polysemie, Körperlichkeit

Doch *In der Strafkolonie* destabilisiert nicht nur mittels der Dynamik zwischen Offizier, Verurteiltem, Reisendem und Leser die Identitätskonstruktion der alten kolonialen Macht. Die Erzählung setzt auch noch epistemologisch eine Ebene tiefer bei der Vorstellung der Bedeutungsentstehung an. Joseph Vogl (1990: 40) stellt fest, dass weder der Apparat noch dessen Zweck, die Hinrichtung, im Zentrum der Strafkolonie und der Erzählung stehen, sondern die Besichtigung des Apparats und die „kommunikative Situation" der Beschreibungen und Rückfragen zwischen Offizier und Reisendem. Während aber Vogl (42) die metaphorisierende Funktion der Bezeichnungen der Maschinenteile wie Egge, Zeichner, etc.., herausstreicht und dabei die Gestik und Rhetorik der Wörtlichkeit des Offiziers nur kurz benennt, um dann zur Erotisierung des Apparats und seiner Funktionen überzugehen, ist gerade die Frage nach der Bedeutung der Sprache von Interesse für einen postkolonialen Blick auf den Text. Dabei offenbart sich eine Spannung zwischen der fraglosen Polysemie des Textes (Hiebel 1983: 129-52; Vogl 43) und Versuchen zur Einschränkung von Mehrdeutigkeit.

Weil der Hinrichtungsapparat genau genommen eine Schreibmaschine ist, die dem Verurteilten das tödliche Urteil auf den Körper schreibt, muss die Frage nach der Sprache und Bedeutung dieser Schrift gestellt werden. Auffällig ist zunächst, dass der Offizier und der Reisende gemeinsam französisch sprechen, und diese Sprache „verstand gewiss weder der Soldat noch der Verurteilte" (*IdS* 33). Damit lässt Kafka Bezüge zu französischen Kolonien wie Neukaledonien, dem Verbannungsort der Mitglieder der Pariser Kommune, oder Französisch Guyana anklingen. In jedem Fall blockiert die Sprache das Verständnis des Soldaten und des Verurteilten, doch die Erzählung belässt es bei diesen Andeutungen. Man kann dies mit Piper (1996: 49) als Indiz von Kafkas Heimatlosigkeit werten, die möglicherweise seine deterritorialisierende Flucht vor Habsburg repräsentiere. Französisch muss jedoch weder Muttersprache des Offiziers, noch des Reisenden sein.

Aufschlussreicher sind im Verlauf der Erzählung jedoch weitere Aspekte der Bedeutung, die deutlich werden, als der Offizier dem Reisenden die Zeichnungen des alten Kommandanten zeigt. Diese werden in den „Zeichner" des Apparats eingelegt, und nach dieser Vorlage schreibt die Egge den Verurteilten die Urteile in den Körper. Der Offizier hält diese Zeichnungen so in Ehren („das Teuerste, was ich habe"; *IdS* 40), dass er sie nicht aus der Hand gibt und sie dem Reisenden nur aus der Entfernung zeigt. Fünf Textstellen machen die Zeichnungen zur Urteilsschrift, die um ein Ornament ergänzt wird: So bezieht sich der Reisende auf die „Zeichnung, auf welche das Urteil lautet" (*IdS* 39). Weiter definiert der Offizier die Schrift zunächst negativ als „keine Schönschrift" und „keine einfache Schrift," um sie dann positiv zu bestimmen, wenn er erläutert, dass Zierraten die „wirkliche Schrift" umgeben, die bei der Bestrafung den Leib umzieht (*IdS* 39). Dies Ornament dient der Verzögerung, denn „sie soll ja nicht sofort töten": „Es müssen also viele, viele Zierraten die eigentliche Schrift umgeben" (*IdS* 40). Wenn sich damit die Zeichnungen aus Schrift und Ornament zusammensetzen, weshalb beschreibt sie dann der Erzähler aus Sicht des Reisenden als „labyrinthartige, einander vielfach kreuzende Linien," die er nicht lesen kann, obwohl der Offizier insistiert: „Lesen sie [...]. Es ist doch deutlich" (ebd.)?

Deutlich ist zunächst, dass diese Schrift in der Erzählung sowohl inhaltlich als auch formal exponiert ist. Inhaltlich überrascht sie durch ihre Oszillation zwischen Armut und Fülle. Die drei mageren Worte, „Ehre deinen Vorgesetzten!" (*IdS* 35), sind nicht nur die vom Verurteilten übertretene Verhaltensnorm und damit Gesetz. Der Offizier beschreibt sie zugleich auch als Urteil, und als tödliche Inschrift ist dies Urteil Hauptbestandteil der Strafe. In einer nur auf symbolischer Ebene – was wäre der Sinn eines solchen Urteils? – anzusiedelnden, behaupteten Bedeutungs*fülle* kommen damit in der

Maschinenschrift gesetzte Rechtsnorm, gesprochenes Recht und Gewaltvollzug in einem Satz zur Deckung. Und die Instanz, die dies bewirkt und damit die Einheit der Macht sichert, ist der Apparat. Hier liegt der Grund des verzweifelten Bemühens des Offiziers, seinen Mechanismus verständlich zu machen; verständlich als Instanz, die alle Ebenen der Macht verklammert und durch schiere Materialität als Fülle wirken soll.

Dass Kafka mit dieser Monstrosität nicht auf die Theorie politischer Systeme – wie etwa die Gewaltenteilung oder -verschränkung – zielt, zeigt sich daran, dass er bei der Symbolik totalitärer Macht nicht innehält, sondern sie zur Repräsentation der umfassenden Kompetenz des alten Kommandanten nutzt. In einer Inversion des vielseitig gebildeten *uomo universale* (Müller-Seidel 1986: 114) war er der Erfinder und Konstrukteur des Apparats zugleich, wie der Reisende fragend andeutet, Henker und „Soldat, Richter, Konstrukteur, Chemiker, Zeichner" (*IdS* 35). Es ist diese Universalität, die die Fülle des Geltungsanspruchs der Ordnung und ihrer Sprache noch weiter verstärken soll. Die Sprache, in der sich diese Macht artikuliert, soll universellen Charakter besitzen, denn für den Verurteilten im vorliegenden Text ist sie zwar Fremdsprache, aber auch dem „Blödesten" (41) unter den Verurteilten wird das Urteil klar, denn er „erfährt es ja auf seinem Leib," (ebd.), während er die eingestanzte Schrift „mit seinen Wunden" (36) entziffert und daran stirbt. Die tatsächlich absurde Überfülle der Sprache dieser Schrift lässt sich nicht real denken, sondern als Symbol des Imperiums, seiner Ordnung und seiner Sprache, und darin, so Piper (1996: 47), liegt der Grund, dass sie zugleich für den Reisenden unlesbar ist, aber für Delinquenten unter der härtesten Folter verständlich werden soll.

Die *Entwicklung* in der Erzählung von der Strafkolonie schließt es aus, sie als System zu beschreiben, „das funktioniert und nicht funktioniert zugleich" (Vogl 1990: 102). Sicherlich existiert daneben die realistische Möglichkeit, dass der Reisende die Sprache der beiden Subalternen kennt. Doch Piper zufolge (1996: 45 f) ist es die symbolische Ebene, auf der nach dem Ableben des letzten Vertreters des alten Regimes eine unterdrückte Sprache an die Oberfläche kommen kann: So schlussfolgert Piper (44), dass nach der Zerstörung des Apparats am Ende Reisender, Soldat und Gefangener zu einer gemeinsamen Sprache fänden, die dann „anscheinend nicht Französisch wäre."

Doch diese Dimension der Schrift ist dort weiter in den Text integriert, wo die realistische Lektüre stockt und tatsächlich das Gegenbild der Lesbarkeit erwiesen wird. Es ist nicht von der Hand zu weisen, dass der Apparat ein erzählerisches Vehikel ist, das den nicht nur mentalen, sondern physischen Sadismus des Kolonialismus versinnbildlicht, wie er in kolonialen Systemen des 19. Jahrhunderts im Exzess des „Tropenkollers" historisch evident zu Tage tritt (Zilcosky 2002b: 109). In dessen Verlauf verfügen Kolonisten sadistische Qualen. Doch mit wenigen Ausnahmen (Gray 2002: 225-31) schweigt die Forschung konsequent zu einigen zentralen Details des Apparats, obwohl die Erzählung auf sie besonders prominent verweist. Interpretationen der Erzählung sollten sie deshalb besonders würdigen, weil sie beim Bau des Apparats „einige technische Schwierigkeiten verursacht" haben und die Anfertigung erst „nach vielen Versuchen gelungen" (*IdS* 38) ist. Diese außerordentlichen konstruktiven Probleme gehen auf die Notwendigkeit zurück, die Egge aus Glas zu bauen, ein besonders ungeeignetes Material, in dem sich die Nadeln nur schwer fixieren lassen.

Dadurch soll, so der Offizier, jedoch ermöglicht werden, dass „jeder durch das Glas sehen [kann], wie sich die Inschrift im Körper vollzieht" (*IdS* 38). Doch damit nicht genug: Weitere Details der Konstruktion sollen die Transparenz noch erhöhen. So schreibt nur jede zweite der Nadeln tatsächlich. Die andere Hälfte dieser Bauteile sind wasserführende Düsennadeln, die während der Exekution permanent Blut aus den Wunden spülen, um „die Schrift immer klar zu erhalten" (38 f). Schließlich sind außerdem an der Egge Zacken (41) angebracht, die nicht etwa der Folter dienen, sondern ebenfalls der Maximierung der Sichtbarkeit und Lesbarkeit der Schrift: Nach den einzelnen Schreibgängen und dem Wälzen des

Verurteilten reißen sie Schichten einer besonders präparierten, blutstillenden Watte von den Wunden.

Die mit hohem konstruktivem Aufwand und Wartungsbedarf erkaufte Investition in die Sichtbarkeit zeigt vor allem eines: Das Legitimationsbedürfnis und damit die tieferliegende Unsicherheit des gesamten alten Systems. So ist die Selbstexekution des Offiziers unter einem berstenden Apparat auch alles andere als überraschend, sondern in ausgeklügelten Hinweisen des Textes angelegt. Mit Bezug zu einer weniger harschen Kolonialpropaganda im Finde-Siècle Kaiserreich deutet John Zilcosky (2002b: 109) die Selbstexekution des Offiziers in einer „masochistischen Techno-Utopie" (115) als Anbahnung der Rückkehr der politischen Erotik der alten Ordnung (114). Die bisherigen Ausführungen zeigen jedoch, dass die Ankündigung des Reisenden, sich gegen das System auszusprechen, nicht der Anlass für den Zusammenbruch der alten Ordnung ist. Die ausbleibende Unterstützung ist lediglich das Zünglein an der Waage zum Untergang eines von seinen eigenen Unsicherheiten und Widersprüchen – die nicht zuletzt die Mimikry des Verurteilten etabliert – diskursiv aufwändig bedrohten Systems.

Wie mangelhaft der Apparat die Macht durchzusetzen vermag, zeigt bereits die Situation der Hinrichtungen im Zenit der imperialen Macht: Die fein ziselierte Inschrift kann den „hunderten Augen," die zugegen waren, gar nicht lesbar gewesen sein, wenn die Menge „bis zu den Anhöhen" (*IdS* 45) stand. Zudem genossen manche Zuschauer ohnehin die Vorstellung von der waltenden Gerechtigkeit so sehr, dass sie gar nicht hinsahen, sondern „mit geschlossenen Augen" (ebd.) im Sand lagen. Daher ist auch die Interpretation des Verurteilten als bloßes „Medium" (Kittler 1990: 116 f) unbefriedigend. Tatsächlich dient der gewaltige konstruktive und rhetorische Aufwand nicht dem Zweck Transparenz herzustellen, sondern zielt vor allem darauf, eine Transparenz lediglich zu *inszenieren*, die in der Kolonie nicht eingelöst wird. Der Glaube an die Lesbarkeit der Schrift soll an die Stelle des realen Entzifferns treten. Damit ist der Aufwand ebenso *wenig* sinnlos wie die Transparenz von Jeremy Benthams panoptischem Gefängnis, in dem sich alle Gefangenen in ihren durchsichtigen Zellen auch dann so verhalten, als würden sie stets überwacht, wenn kein Wärter einen Blick auf sie wirft (Foucault 1980: 152-56). Wie Kapitel C i der *Einführung in die Postkolonialismus-Forschung* (Streit 2014) genauer erläutert, fordert Edward Said zu einer kontrapunktischen Lektüre auf. Für Philologen schließt das den Auftrag ein, Fälle von „pro-imperialistischer Apologie" (1993: 78 f) in künstlerischen Werken zu demaskieren, also solche Maßnahmen, die der Legitimation der imperialen bzw. kolonialen Macht dienen. Diese analytische Blickrichtung führt zu dem Offizier bei Kafka. Er bedient sich nämlich einer solchen Apologie, wenn er die „eigentliche" (*IdS* 39), die „wirkliche Schrift" (40) inszeniert, um die koloniale Ordnung als unantastbar zu gerieren. Homi Bhabha (1994: 109-11) zufolge ist die Transparenz kolonialer Ordnungsregeln, wie sie hier in den Körper eingeschrieben werden, die Bedingung für die Anerkennung der Kolonialautorität. Mit derselben Schlagrichtung nutzt Gayatri Spivak (1988: u.a. 279 f) den Begriff der Transparenz sprachphilosophisch für die beabsichtigte, doch unmögliche Auslöschung der Ambiguität der Sprache; und es ist genau diese Ambiguität bei der Lektüre, die der Offizier fürchtet wie der Teufel das Weihwasser. Seine wiederholten Versuche, den direkten Körperkontakt mit dem Reisenden an die Stelle der Sprache zu setzen, unterstreichen diese Angst: „Er hatte den Reisenden umarmt und den Kopf auf seine Schultern gelegt" (*IdS* 45), er „ergriff" die Hände des Reisenden und „drehte sich um ihn, um seine Blicke zu erfassen" (46). Auch ballt er bekräftigend die Fäuste (49) und fasst „den Reisenden an beiden Armen," um ihm „schweratmend ins Gesicht" (51) zu sehen.

Und diesem Glauben an die *unvermittelte* Überzeugungskraft des Körpers – im Gegensatz zur erfolgreichen Schriftlektüre – liegt zweifellos auch die erzählerische Gestaltung der Wirksamkeit des Apparats zugrunde: Ein Aspekt davon ist die tatsächliche Unlesbarkeit der Schrift trotz der inszenierten Transparenz. Doch weiter sollen neben dem massiven Körperkontakt des Offiziers, den die Forschung auch homoerotisch deutet (Zilcosky 2002b:113 f), dessen Schreien und die demonstrativen Wartungs-Turnübungen die Plausibilität des Apparats erhöhen, ohne dass man in der Folge die Sprache entschlüsseln kann. Wie ängstlich der Offizier darauf bedacht ist, dass die behauptete Eindeutigkeit der Sprache als essentielle Bedeutung nicht vom Bedeutungsspiel der Sprache unterhöhlt wird, betont besonders seine Erläuterung des Blutabflusses: „Der Offizier zeigte mit dem Finger genau den Weg, den das Blutwasser nehmen musste" (*IdS* 39). Um „es möglichst anschaulich zu machen" fängt er das Wasser „an der Mündung des Abflussrohres mit beiden Händen förmlich auf" (ebd.).

So wie diese Pantomime der Sucht nach der Vermittlung von unmissverständlicher Eindeutigkeit entspringt, begründet sich die Prozessführung des Offiziers aus der Angst vor Ambiguität. Das Prinzip, „Die Schuld ist immer zweifellos" (*IdS* 37), soll jegliche Mehrdeutigkeit ausschließen. Eine Verteidigung des Angeklagten bestünde sicher aus Lügen, und deren mögliche Widerlegung würde durch neue Lügen ersetzt „und so fort" (ebd.). Angesichts dessen, dass die exzessive Inszenierung der Verständlichkeit an die Stelle realer epistemischer Leistung getreten ist, liegt für den Offizier der Ausweg aus diesem Kreislauf der Lügen darin, den Verständnis-Prozess gar nicht erst in Gang kommen zu lassen: Das Urteil wird sofort gefällt. Und die anschließende Arretierung ist nicht-diskursiver, sondern haptischer Art: „Jetzt aber halte ich ihn und lasse ihn nicht mehr" (ebd.). Konsequent distanziert sich der Offizier von jeglicher Intersubjektivität und Kontrolle in der Form von Gerichten, die „vielköpfig" sind und „auch noch höhere Gerichte über sich" (ebd.) haben.

Wenn Gray (2002: 233) die Analyse der Spannung zwischen der alten und der neuen Ordnung als unvereinbar mit der Analyse eines identischen und eines differentiellen Sprachverständnisses erklärt, so übersieht er das Ausmaß, in dem der Offizier die Sprache in den Dienst der Kolonialmacht stellt und bei Kafka Sprachkritik und Kolonialismus ineinander greifen: Dieses Verzahnen wird an den Stellen besonders deutlich, an denen der Offizier an Grenzen stößt und sich die Gefahr der Polysemie der Sprache offenbart: So hat sich in Form von der „Beratungen" (*IdS* 37) des neuen Kommandanten bereits sprachbasierte Intersubjektivität in die Strafkolonie eingeschlichen. Und die vom Offizier noch als „Anhänger" des alten Systems Angesehenen stehen ihm nicht mehr *eindeutig* zur Seite: „[Z]weideutige Äusserungen" (44) sind an die Stelle einer auf Glauben basierenden, essentiellen Bedeutung des Kolonialapparats getreten, und diese sind für den Offizier „ganz unbrauchbar" (ebd.). Während die Konstruktion des Apparats die Möglichkeit des Lesens eindeutiger Lektüre äußerst aufwändig inszeniert und die Erzählung sie zugleich verhindert, zeigt diese direkte Sicht auf die Sprache die Angst vor der Polysemie in der persönlichen Interaktion.

Dadurch, dass unter dem neuen Kommandanten dieser Widerspruch zwischen Schein und Sein der Kolonialmacht im Bereich des Epistemischen ins allgemeine Bewusstsein tritt, demonstriert die Erzählung, dass die Bemühungen des neuen Kommandanten, sich in das alte Verfahren einzumischen (*IdS* 39), Früchte tragen. Schon ist der Offizier gezwungen, sich mit dem System der Entscheidungsfindung zu befassen und sich dazu in dem mühevollen Dialog mit dem Reisenden in den uneindeutigen Bereich der Sprache zu begeben. Dieser Dialog, den verzweifelte, vermeintlich bedeutungsstiftende Sprünge aus der Sprache begleiten, ist wiederum ein einziger paradoxer Versuch, den Reisenden vom Apparat zu überzeugen und damit die Gültigkeit der Transparenz des mutmaßlich eindeutigen Repräsentationssystem zu retten. Und dieser im Ansatz von dem Offizier schon verlorene Kampf um die koloniale Wahrheit speist nicht nur einen Großteil der Texthandlung, sondern macht die Erzählung zu einer Allegorie der Lesbarkeit der kolonialen Macht.

Am deutlichsten wird die Konfrontation der als eindeutig imaginierten alten Ordnung mit einer neuen, die der Mehrdeutigkeit Rechnung trägt, an der ausschweifenden Phantasie des Offiziers davon, wie der Reisende diese alte Ordnung in seinem Sinn retten soll. Das Misstrauen des Offiziers gegenüber der Sprache macht jedoch seinen Wunsch, dass der Reisende den Apparat mit Worten verteidigen soll, zu einer Quadratur des Kreises, zur Verordnung von Eindeutigkeit im mehrdeutigen Medium. Und dieses Paradoxons zeig sich der Offizier sehr wohl bewusst. So ist es schlüssig, wenn sich der Wunsch zur Verteidigung des Essentiellen wiederum in der außersprachlichen Körperlichkeit äußert, als „der Widerwille [den Offizier] schüttelt," wenn er an den „Beratungen" des Kommandanten teilnehmen muss; doch dorthin soll auch der Reisende kommen, um einen absonderlichen semantischen Balanceakt aufzuführen, mit dem der Erhalt der alten Ordnung gesichert werden soll.

Bei diesem Auftritt müssten seine Äußerungen, so der Offizier zu ihm, „kurz und unbestimmt sein" (*IdS* 49). Ohne konkrete Stellungnahme solle der Reisende lediglich eingestehen, „die Exekution gesehen" und „alle Erklärungen gehört" zu haben: „Nur das, nichts weiter" (ebd.). Weil der Offizier davon ausgeht, dass der neue Kommandant die Worte missverstehen wird, hat er weitere Anweisungen, die jedoch nicht etwa konkreter, sondern noch allgemeiner sind und vom Bemühen geprägt, inhaltliche Festlegung zu vermeiden. So soll sich der Reisende beim Reden „keine Schranken setzen." Die Anweisung, von der Brüstung aus dem Kommandanten die Meinung zuzubrüllen, relativiert der Offizier wiederum sofort: „stehen Sie gar nicht auf, sagen Sie nur ein paar Worte, flüstern Sie sie" (*IdS* 50).

Bei diesen Anweisungen kollaboriert die sinnbeschränkende Sprache der alten Kolonialmacht – ein Idiom der Leere im Kleid der Überfülle –, indem sie den Inhalt der Worte unterschlägt, die Emotion in den Vordergrund spielt und dann den Offizier lediglich negativ bestimmen lässt, was der Reisende an Beobachtungen bei der Exekution verschweigen soll, nämlich den Zuschauermangel und technische Unregelmäßigkeiten. Das semantische Vakuum, das dadurch entstehen soll, dass der Reisende im Grunde *gar nichts* auf eine solche Weise brüllt oder flüstert, dass ihn ohnehin kaum jemand versteht, will der Offizier durch eine Rede mit immenser Wirkung kompensieren. Wenn sie den neuen Kommandanten „nicht aus dem Saale jagt," soll sie ihn immerhin „auf die Knie zwingen" (ebd.) und zum Bekenntnis zum System des alten Kommandanten motivieren. Als der Offizier diesen Plan so laut schreit, dass „selbst der Soldat und der Verurteilte aufmerksam" werden, wird deutlich, dass – ganz im Stil der alten Ordnung – reine Emotion und Intensität zur Rettung der alten Ordnung an die Stelle der bedrohlichen Polysemie der Worte treten sollen.

Doch diese Gegenüberstellung von alter und neuer Kolonialordnung, der vorherigen Transparenz des Zeichens und dessen nachfolgender Ambiguität entspricht einem idealisierten Selbstbild. Tatsächlich legt die Erzählung offen, dass nicht erst der neuen Ordnung eine ambivalente Semantik innewohnt, sondern dies auch schon für die alte gilt. Dies enthüllt der Apparat: Die mechanisch unplausible Aufteilung des Schreibens in die zwei Bewegungsabläufe einer stechenden Egge – deren „Stahlseil [sich] zu einer Stange" strafft (*IdS* 38) – und eines Betts, das sich zitternd am Schreibvorgang beteiligt, versinnbildlicht, dass nicht nur etwa eine Seite die Bedeutung etabliert, sondern auch eine andere in Kooperation mit dieser. Bildlich ist damit diese zentrale Artikulationsinstanz unterteilt in eine stechende, autoritative Dimension, und in eine subalterne, die die Arbeit der Verschriftlichung ausführt. An dieser Dispersion der Macht wird deutlich, dass die Produktion ihrer monistisch fantasierten Semantik von beigetragenem Sinn abhängt, der ihr äußerlich ist und damit gerade den differentiellen Faktor in die Bedeutungsstiftung einführt, der aus der Sprache ausgeschlossen werden soll.

Dies gibt der Offizier sogar unfreiwillig zu, wenn er das Wirken der Mechanik im Zuge des Schreibprozesses mit der Vokabel „Spiel" (*IdS* 38) beschreibt, also mit einer, wenn auch Regeln gehorchenden Freiheit, wie sie sich ebenfalls im differentiellen Spiel der Sprache durchsetzt. Mit der Bildlichkeit und semantischen Reichweite des „Spiels" des Apparats erkennt der Offizier bei seiner Rede davon unfreiwillig die polysemische Bewegung in der Sprache an, destabilisiert damit den Eindeutigkeitsanspruch der alten Ordnung und öffnet dem Widerspruch, der doch unbedingt ausgeschlossen werden soll, Tür und Tor.

Doch den epistemischen Absolutheitsanspruch der Macht unterwandern in der Erzählung weitere Instanzen: So zeigt Marc Kipniss (1992: 47-49), dass die symbolisch eingesetzten Damen das alte System der Strafkolonie sabotieren, da der Offizier damit rechne, dass der Reisende bei seinen Ausführungen zum Apparat von einer „Damenhand" zum Schweigen gebracht werden könne. Doch über Kipniss' Ausführungen hinaus wird dieser Einfluss noch konkreter symbolisch sichtbar, als sich der Offizier eingangs Damentaschentücher unter den Uniformkragen schiebt, und er wird gar real, wenn Damen den Verurteilten ordnungswidrig so füttern, so dass der sich über den Apparat erbricht und der Offizier die Klage führt, die Maschine werde ihm „verunreinigt wie ein Stall" (*IdS* 43).

Der Kollaps des Apparats besiegelt schließlich den Untergang des alten Kolonialsystems. Und als „anti-imperialistischer Widerstand" im Sinne Saids (1993: 78 f) ist diese Systemdämmerung bereits in den Anfang der Geschichte eingeschrieben: Dies zeigt sich an der Angst vor dem Kontrollverlust der Ordnung. Um dies zu unterstreichen, versieht der Erzähler aus der Sicht des Reisenden in Erlebter Rede die Feststellung des Eifers des Offiziers bei der Wartung des Apparats mit einer Bemerkung, die eindeutige Kausalität unterschlägt: „der Offizier führte [die Arbeiten] mit großem Eifer aus, sei es, dass er ein besonderer Anhänger dieses Apparates war, sei es, dass man aus anderen Gründen die Arbeit sonst niemandem anvertrauen konnte" (*IdS* 31). Die gleichberechtigten Demonstrativsätze lenken die Aufmerksamkeit nicht auf die Linientreue des Offiziers, sondern auf die genannten „andere[n] Gründe." Wären diese technischer Natur, wiesen sie auf kontinuierlich bedrohliche Konstruktionsfehler des Systems hin.

In einem repressiven System wie dem dargestellten erklären sie sich jedoch ebenso als Ausdruck der Angst vor der Sabotage am Zentralsymbol der Kolonialmacht. Um subalternen Dissidenten keine Chance zum Widerstand zu geben, arbeitet sich der Offizier als letzter lebender Repräsentant des alten Systems so lange an der Wartung ab, bis er „ungemein ermattet" ist, mit „weit offenem Mund" atmet und seine öl- und fettbeschmutzten Hände säubern muss (32). Diese Kosten der Wartung – die Erschöpfung des Vertreters der Macht – zeigen alles andere als eine selbstherrliche Sicherheit, sondern sind Zeichen der fortwährenden Bedrohung.

Des Weiteren ist die Angst vor dem anderen auch in die Uniformen der Strafkolonie eingeschrieben, die der Reisende als „für die Tropen zu schwer" erkennt (ebd.). Die Bestätigung des Offiziers, „Gewiß, [...] aber sie bedeuten die Heimat. Wir wollen nicht die Heimat verlieren," reißt den Abgrund auf, über dem das alte System schwebt und macht die Uniform zum *Pars pro toto* der Angst der Kolonialmacht ihre ideelle Bezugsbasis zu verlieren. Ebenso wie die konstruktiven Details der Maschine, die technischen Probleme bei der Fixierung der Nadeln und die Aufspaltung des Schreibprozesses spielt bei der Uniform der praktische Mangel als „zu schwer" die symbolische Dimension des erzählerischen Elementes in den Vordergrund des Textes. Er unterstreicht die Unsicherheit an der Basis der Kolonialmacht. Lange vor der Zerstörung des Apparats, mit dem die alte Ordnung untergeht (Zilcosky 2002b:117), wird diese Ordnung von ihren eigenen Widersprüchen heimgesucht. Zu Zeiten der Dämmerung des kolonialen Habsburger Reichs, das der *Mensch* Franz Kafka erhalten möchte, zeichnet der *Autor* Franz Kafka mit chirurgisch mitleidlosem Blick ein Bild vom Übergang von einer alten kolonialen Ordnung, die an semantischen Widersprüchen krankt, zu einer neuen. Zwar weist Zilcosky (2002b: 109 f) auf den Übergang des Kolonialstils im 19. Jahrhundert von harscher Ordnung zu einem System, das sich milder gibt, doch der Text unterschlägt deren neue Konturen, um stattdessen aus einer Fülle von Indizien für die Instabilität den Kollaps abzuleiten.

Literatur

Allerkamp, Andrea. 1991. *Die innere Kolonisierung: Bilder und Darstellungen des/der Anderen in deutschsprachigen, französischen und afrikanischen Literaturen des 20. Jahrhunderts*. Köln und Weimar: Böhlau.

Anderson, Mark M. 2001. „Atlantisches Zerrbild: Was interessiert die Amerikaner an Deutschland? Hitler und der Holocaust. Erfahrungsbericht eines New Yorker Germanisten." *Die Zeit* 41 (4.10.2001): 46.

Ashcroft, Bill. 1995. „Constitutive Graphonomy." In *The Post-Colonial Studies Reader*. Hg. Bill Ashcroft, Gareth Griffiths und Helen Tiffin. 298-302. London und New York: Routledge.

Bezzel, Chris. 1975. *Kafka-Chronik. Daten zu Leben und Werk*. München: Hanser.

Bhabha, Homi K. 1994. *The Location of Culture*. London und New York: Routledge.

Brantley, Ben. 2001. „Kafka's Pen? A Branding Iron." *New York Times* (15.6.2001): Section E 1.

Brathwaite, Edward Kamau. 1995a. „Nation Language." In *The Post-Colonial Studies Reader*. Hg. Bill Ashcroft, Gareth Griffiths und Helen Tiffin. 309-13. London und New York: Routledge.

Deleuze, Gilles und Pierre-Félix Guattari. 1975. *Kafka: Für eine kleine Literatur*. Frankfurt: Suhrkamp.

Detrez, Raymond. 2001. „Colonialism in the Balkans: Historic realities and contemporary perceptions." Online in Internet; URL: http://www.kakanien.ac.at/beitr/theorie/RDetrez1.pdf. [Aufruf: 29.8.2014; 13:30 Uhr MESZ].

Emmerich, Wolfgang. 2009. „Ondradek – ein Bewohner des Dritten Raums. Mit Franz Kafka unterwegs zu transkulturellen Lektüren." In *Dislocation and Reorientation: Exile, Division and the End of Communism in German Culture and Politics; in Honour of Ian Wallace.* Hg. Goodbody, Axel, Pól Ó Dochartaigh und Dennis Tate. 83-96. Amsterdam et al.: Rodopi.

Emrich, Walter. 1985. „Franz Kafkas Diagnose des 20. Jahrhunderts." In *Franz Kafka. Symposium 1983.* Hg. Wilhelm Emrich und Bernd Goldmann. 11-35. Mainz: Hase & Koehler.

Gilman, Sander L. 1995. *Franz Kafka: The Jewish Patient.* New York: Routledge.

Glišović, Dušan. 1996. *Politik im Werk Kafkas.* Tübingen und Basel: Francke.

Goebel, Rolf J. 2002. „Kafka and Postcolonial Critique: *Der Verschollene, In der Strafkolonie*; *Beim Bau der Chinesischen Mauer.* In *A Companion to the Works of Franz Kafka.* Hg. James Rolleston. 187-212. Rochester: Camden House.

Gray, Richard T. 2002. „Disjunctive Signs in *In der Strafkolonie*." In *A Companion to the Works of Franz Kafka.* Hg. James Rolleston. 213-45. Rochester: Camden House.

Hara, Katsumi. 1992. „Schreibbuch und Hinrichtungsapparat als Ordnungen des Diskurses: Zur Genealogie der Autorschaft." *Literarische Problematisierung der Moderne: Deutsche Aufklärung und Romantik in der japanischen*

Germanistik. Hg. Teruaki Takahashi. 199-208. München: Iudicum.

Hiebel, Hans H. *Die Zeichen des Gesetzes, Recht und Macht bei Franz Kafka*. München: Wilhelm Fink, 1983.

Hochschild, Adam. 2000. *Schatten über dem Kongo: Die Geschichte eines der großen, fast vergessenen Menschheitsverbrechen*. Stuttgart: Klett-Cotta.

Huggan, Graham. 2008. *Interdisciplinary Measures: Literature and the Future of Postcolonial Studies*. Liverpool: Liverpool University Press.

IdS   Siehe: Kafka, Franz.

Immler, Nicole L. 2002. „Blicke nach innen: Kolonialismus in Kakanien? Eine Wiener Tagung." *Süddeutsche Zeitung* (27.9.2002): 14.

Kafka, Franz. 1914 / 1995. *In der Strafkolonie: Eine Geschichte aus dem Jahre 1914; mit Quellen, Chronik und Anmerkungen*. Hg. Klaus Wagenbach. Berlin: Wagenbach; Nachdruck 1998.

Kipniss, Marc. 1992. „The Threat of the (Marginal) Feminine: Decolonizing Kafka's *Strafkolonie*." *Journal of the Kafka Society of America* 16: 46-51.

Kittler, Wolf. 1990. „Schreibmaschinen, Sprechmaschinen: Effekte technischer Medien im Werk Franz Kafkas." In *Franz Kafka: Schriftverkehr*. Hg. Wolf Kittler und Gerhard Neumann. 75-163. Freiburg: Rombach.

Lange-Kirchheim, Astrid. 1977. „Franz Kafka: *In der Strafkolonie* und Alfred Weber: *Der Beamte*." *Germanisch-romanische Monatsschrift* 27: 202-21.

Lloyd, David. 1987. *Nationalism and Minor Literature: James Clarence Mangan and the Emergence of Irish Cultural Nationalism*. Berkeley: University of California Press.

Meyer, Imke. 2001. *Jenseits der Spiegel kein Land: Ich-Fiktionen in Texten von Franz Kafka und Ingeborg Bachmann*. Würzburg: Königshausen und Neumann.

Müller, Lothar. 2002. „Fünfundvierzig Tage im Ausland, drei Verlobungen, keine Nachkommen." *Süddeutsche Zeitung* (23./24.11.2002): 16.

Müller-Funk, Wolfgang. 2002. „ Kakanien revisited: Über das Verhältnis von Herrschaft und Kultur." In *Kakanien revisited: Das Eigene und das Fremde (in) der österreichisch-ungarischen Monarchie*. Hg. Wolfgang Müller-Funk, Peter Plener und Clemens Ruthner. 14-32. Tübingen und Basel: A. Francke.

Müller-Seidel, Walter. 1986. *Die Deportation des Menschen. Kafkas Erzählung* In der Strafkolonie *im europäischen Kontext*. Stuttgart: Metzler.

Neuhäuser, Renate. 1998. *Aspekte des Politischen bei Kubin und Kafka: Eine Deutung der Romane* Die andere Seite *und* Das Schloß. Würzburg: Königshausen und Neumann.

Northey, Anthony. 1991. *Kafka's Relatives: Their Lives and his Writing*. New Haven: Yale University Press.

Obeyesekere, Gananath. 1992. „ ‚British Cannibals': Contemplation of an Event in the Death and Resurrection of James Cook, Explorer." *Critical Inquiry* 18: 630-54.

Patrut, Iulia-Karin. 2012. „Kafkas ‚Poetik des Anderen,' kolonialer Diskurs und postkolonialer Kanon in Europa." In *Postkolonialismus und Kanon*. Hg. Herbert Uerlings und Iulia-Karin Patrut. 261-88. Bielefeld: Aisthesis Verlag.

Peters, Paul. 2003. „Kolonie als Strafe: Kafkas *Strafkolonie*." In *Kolonialismus als Kultur: Literatur, Medien, Wissenschaft in der deutschen Gründerzeit des Fremden*. Hg. Alexander Honold und Oliver Simons. 59-84. Tübingen und Basel: A. Francke Verlag.

Piper, Karen. 1996. „The Language of the Machine: Kafka and the Subject of Empire." *Journal of the Kafka Society of America* 20: 42-54.

Pratt, Marie Louise. 1986. „Fieldwork in Common Places." In *Writing Culture: The Poetics and Politics of Ethnography*. Hg. James Clifford und George E. Marcus. 27–50. Berkeley: University of California Press.

—. 1992. *Imperial Eyes: Travel Writing and Transculturation*. London und New York: Routledge.

Reber, Ursula. 2002. „Kolonialismus im ‚Osten'? Imperialismus, Orientalismus und ‚das Reale' bei Edward W. Said." Online in Internet; URL: www.kakanien.ac.at/beitr/theorie/UReber1.pdf. [Aufruf: 29.8.2014; 13:48 Uhr MESZ].

Reimann, Paul. 1957. „Die gesellschaftliche Problematik in Kafkas Romanen." *Weimarer Beiträge* 4: 598-618.

Rolleston, James. 2002. „Introduction: Kafka Begins." In *A Companion to the Works of Franz Kafka*. Hg. James Rolleston. 1-19. Rochester: Camden House.

Ruthner, Clemens. 2002 „ ‚K.(u.)k. postcolonial'? Für eine neue Lesart der österreichischen (und benachbarter) Literaturen." In *Kakanien revisited: Das Eigene und das Fremde (in) der österreichisch-ungarischen Monarchie*. Hg. Wolfgang Müller-Funk, Peter Plener, Clemens Ruthner. 93-103. Tübingen und Basel: A. Francke.

Said, Edward W. 1993. *Culture and Imperialism*. New York: Knopf.

Simo. 1999. „Interkulturalität und Asymmetrie: Koloniale Situation und Kommunikationsprobleme bei Kafka." *TransInternet - Zeitschrift für Kulturwissenschaften* 7, September 1999. Online in Internet; URL: http://www.inst.at/trans/7Nr/simo7.htm. [Aufruf: 29.8.2014; 13:50 Uhr MESZ]. Ersterscheinen in *Jura Soyfer. Internationale Zeitschrift für Kulturwissenschaften* 2 (1996): 3-6.

Spivak, Gayatri C. 1988. „Can the Subaltern Speak?" In *Marxism and the Interpretation of Culture*. Hg. Cary Nelson und Lawrence Grossberg. 271-313. Urbana und Chicago: University of Illinois Press.

Stach, Reiner. 2002. *Kafka: Die Jahre der Entscheidungen*. Frankfurt: S. Fischer.

Stallybrass, Peter und Allon White. *Politics and Poetics of Transgression*. Ithaca: Cornell University Press, 1986.

Stölzl, Christoph. 1975. *Kafkas böses Böhmen: Zur Sozialgeschichte eines Prager Juden*. München: Edition Text + Kritik.

—. 1979. „Das Prager Deutsch." In *Kafka-Handbuch. Bd. 1: Der Mensch und seine Zeit*. Hg. Hartmut Binder. 83-85. Stuttgart: Kröner.

Streit, Wolfgang. 2014. *Einführung in die Postkolonialismus-Forschung. Theorien, Methoden und Praxis in den Geisteswissenschaften*. Norderstedt: BoD.

Thieberger, Richard. 1979. „Sprache." In *Kafka-Handbuch. Bd. 2: Das Werk und seine Wirkung*. Hg. Hartmut Binder. 177-203. Stuttgart: Kröner.

Vogl, Joseph. 1990. *Ort der Gewalt: Kafkas literarische Ethik*. München: Wilhelm Fink.

Wachler, Dietrich. 1981. „Mensch und Apparat bei Kafka: Versuch einer soziologischen Interpretation." *Sprache im technischen Zeitalter* 75: 142-57.

Wagenbach, Klaus. 1995. Franz Kafka. *In der Strafkolonie*: Eine Geschichte aus dem Jahre 1914; mit Quellen, Chronik und Anmerkungen. Hg. Klaus Wagenbach. Berlin: Wagenbach; Nachdruck 1998.

Wandruszka, Adam. 1980. „ ‚Notwendiger Völkerverein' oder ‚Völkerkerker'?" In *Die Habsburgermonarchie 1848-1918. Bd. 3: Die Völker des Reiches*. Teilband 1. Hg. Adam Wandruszka und Peter Urbanitsch. XIII-XVIII. Wien: Verlag der Österreichischen Akademie der Wissenschaften.

Zilcosky, John. 2002a. „Surveying the Castle: Kafka's Colonial Visions." In *A Companion to the Works of Franz Kafka*. Hg. James Rolleston. 282-324. Rochester: Camden House.

—. 2002b. *Kafka's Travels: Exoticism, Colonialism, and the Traffic of Writing*. New York et al.: Palgrave Macmillan.

Namensregister

Allerkamp, Andrea *11*
Anderson, Mark M. *9*
Arendt, Hannah *10*
Ashcroft, Bill *15*, *16*
Beckett, Samuel *14*
Bentham, Jeremy *34*
Berman, Russell A. *11*
Bezzel, Chris *10*
Bhabha, Homi K. *16*, *25*, *35*
Bismarck, Otto von *21*
Brantley, Ben *28*
Brathwaite, Edward Kamau *16*
Conrad, Joseph *20*
Cowper, William *23*
Deleuze, Gilles *14*, *15*, *16*, *27*
Detrez, Raymond *12*
Dostojewski, Fjodor *20*
Dreyfus, Alfred *20*
Emrich, Walter *18*
Foucault, Michel *34*
Franz Josef I. *21*
Gilman, Sander L. *20*
Glišović, Dušan *18*
Goebel, Rolf J. *11*, *12*, *19*, *25*, *26*
Gray, Richard T. *19*, *33*, *36*
Gross, Hans *20*
Guattari, Félix *14*, *15*, *16*, *27*
Habsburg, Otto von *12*
Hara, Katsumi *26*, *27*
Heindl, Robert *20*
Hiebel, Hans H. *30*
Hochschild, Adam *20*
Huggan, Graham *14*
Immler, Nicole L. *11*
Joyce, James *14*
Kipniss, Marc *39*
Kittler, Wolf *34*
Lange-Kirchheim, Astrid *18*
Léopold II. (Belgien) *20*
Lloyd, David *14*
Löwy, Josef *20*
Lukács, Georg *15*, *25*
Mecklenburg, Adolf Friedrich zu *23*
Meyer, Imke *9*
Müller, Lothar *18*
Müller-Seidel, Walter *18*, *20*, *21*, *28*, *32*
Neuhäuser, Renate *10*
Neumeyer, Peter F. *19*
Northey, Anthony *19*
Obeyesekere, Gananath *29*
Patrut, Iulia-Karin *12*
Peters, Paul *19*

Piper, Karen *16*, *17*, *19*, *20*, *23*, *28*, *30*, *32*
Pratt, Marie Louise *23*, *24*
Reber, Ursula *11*
Reimann, Paul *10*
Rolleston, James *9*
Ruthner, Clemens *11*
Said, Edward W. *7*, *34*, *40*
Schaffstein Verlag *19*, *23*
Spivak, Gayatri C. *35*
Stach, Reiner *13*, *14*, *18*
Stallybrass, Peter *28*
Stölzl, Christoph *14*, *15*

Streit, Wolfgang *25*, *34*
Thieberger, Richard *15*
Vogl, Joseph *30*, *32*
Wachler, Dietrich *18*
Wagenbach, Klaus *18*, *19*, *20*, *21*, *27*
Wandruszka, Adam *16*
Weber, Alfred *18*
White, Allon *28*
Wolff, Kurt *19*
Zilcosky, John *11*, *13*, *15*, *19*, *20*, *23*, *25*, *33*, *34*, *35*, *41*

Zum Autor:

Wolfgang Streit unterrichtet in München.

Streit publiziert u.a. zu Michel Foucault, Daniel Defoe, Oscar Wilde, W.B. Yeats, James Joyce, Seamus Heaney, Francis Ford Coppola und Francis Bacon.

Seine Forschungsschwerpunkte sind:
Irland-Forschung; Postkolonialismus-Forschung; Neostrukturalismus.

Zuletzt erschienen von ihm:
Einführung in die Postkolonialismus-Forschung. Theorien, Methoden und Praxis in den Geisteswissenschaften. Norderstedt: BoD (2014).

Joyce/Foucault. Sexual Confessions. Ann Arbor: University of Michigan Press (2005).